Die Privatangestellten

und die

Kriegsbeschädigten-Fürsorge

Von

Dr. Anton Höfle

Direktor des Deutschen Techniker-Verbandes Berlin

1917

A. Marcus & E. Webers Verlag (Dr. jur. Albert Ahn) in Bonn

Otto Wigand'sche Buchdruckerei G. m. b. H., Leipzig.

Inhalt.

Die Privatangestellten und die Kriegs-beschädigten-Fürsorge.

Die Daheimgebliebenen haben neben der Pflicht des wirtschaftlichen Durchhaltens vor allem die Aufgabe, zu prüfen, wie die gewaltigen Lehren des Krieges in wirtschaftlichem, kulturellem und politischem Interesse des deutschen Volkes nutzbar gemacht werden können. Nach dieser Richtung sind dessen Hoffnungen außerordentlich groß. Man erwartet eine wirtschaftliche und staatsbürgerliche Erneuerung. Man spricht heute soviel von „Neuorientierung". Der Krieg hat manches zuwege gebracht, was im Frieden unmöglich war. Es sei nur auf die Behandlung der Gewerkschaften hingewiesen. Insbesondere sind die Daheimgebliebenen verpflichtet zu prüfen, wie die Schäden, die der Krieg mit sich bringt, einigermaßen wieder gut gemacht werden können. Rein rechnerisch werden sich diese vorläufig gar nicht ermessen lassen. Milliarden von Nationalvermögen sind vernichtet. Die Rechnung wird uns nach dem Kriege in einer nicht zu knappen Steuerforderung präsentiert werden. Viel schlimmer sind aber die Schäden, die durch den Verlust und die Verringerung der menschlichen Arbeitskraft entstanden sind. Der Prüfung der Frage, wie dieser Schaden wieder einigermaßen ausgeglichen werden kann, sind die folgenden Zeilen unter Beschränkung auf die Kriegsbeschädigten gewidmet. Es sollen hier nur die großen volkswirtschaftlichen und allen Angestellten gemeinsamen Gesichtspunkte behandelt werden. Es ist unmöglich, auf die besonderen Interessen der einzelnen Gruppen und die technischen Fragen einzugehen.

I. Leitgedanken für die Kriegsbeschädigten-Fürsorge.

In welchem Umfange eine Verringerung der menschlichen Arbeitskraft durch Beschädigung der Kriegsteilnehmer eingetreten ist, läßt sich heute noch nicht übersehen, da der Krieg nicht abgeschlossen ist. Daß der Verlust aber ein gewaltiger ist, bedarf keines Beweises. Ein fast dreijähriger, mit allen Mitteln einer raffinierten Vernichtungstechnik geführter Krieg, mit Geschossen, die gleich Hunderte niederreißen, verlangt gewaltige Opfer. Bei der heutigen Technik und Feuerwirkung waren die bisherigen Kriege Kinderspiele gegen das, was wir in den letzten Jahren erlebt haben.

Etwas abgeschwächt wird die Wirkung der Beschädigungen durch die Erfolge der Heilbehandlungen der Kriegsverletzten. Von den in den Lazaretten des gesamten deutschen Heimatsgebietes behandelten Angehörigen des deutschen Feldheeres kamen in Abgang, berechnet auf je 100 des Abganges: im August 1914 dienstfähig 84,8 %, gestorben 3 %, im April 1915 dienstfähig 91,2 %, gestorben 1,4 %, im Durchschnitt dienstfähig 88,5 %, gestorben 1,9 %. Vergleiche mit früheren Kriegen zeigen den Fortschritt der Wissenschaft. Es starben im Krimkriege von 100 Verwundeten 28, im italienischen Kriege 1859 17,3, 1864 bei den Preußen 15,5, 1870: 11,1, im russisch-japanischen Kriege 6,8 bei den Japanern und 3,2 bei den Russen. Trotz dieser Erfolge geht die Zahl der Kriegsbeschädigten in die Hunderttausende. Die Kosten der Kriegsbeschädigten-Fürsorge der Rheinprovinz für das erste Fürsorgejahr betrugen bereits 260 000 Mark.

Für die Kriegsbeschädigten-Fürsorge sprechen volkswirtschaftliche und ethische Gesichtspunkte.

Unsere wirtschaftliche Betrachtungsweise war bisher zu wenig auf die Wertschätzung der „Ware" Arbeitskraft eingestellt. Wir berechneten z. B. die Zunahme des Volkswohlstandes, den Bestand unserer Sparkassen, wir rechneten aus, daß unser Nationalvermögen 320 Milliarden Mark betrug. Wir machten aber keine Versuche, den Wert der vorhandenen Arbeitskraft daneben in Rechnung zu stellen. Und das ist um so auffallender, als die Arbeitskraft doch der wichtigste Produktionsfaktor unserer Volkswirtschaft ist. Wieviel Geld verwenden wir allein schon auf die Erziehung der heranwachsenden Jugend, bis diese einmal so weit ist, daß sie auch vom volkswirtschaftlichen Standpunkt aus wertvoll ist. Die Erziehungskosten der deutschen Jugend betragen pro Jahr allein 4½ Milliarden Mark.

Der Krieg hat mit Nachdruck die Aufmerksamkeit auf die Wertschätzung der menschlichen Arbeitskraft gelenkt. Gewiß weist auch schon unsere Sozialpolitik die gleichen Tendenzen auf, denn sie will ja Menschen-Ökonomie treiben. Aber der Widerstand gegen die Sozialpolitik in weiten Kreisen beweist, daß die menschliche Arbeitskraft nicht immer entsprechend gewürdigt wird. Durch den Krieg ist uns jeder einzelne Mensch viel wertvoller geworden, nicht nur im militärischen Sinne, sondern auch im wirtschaftlichen, indem wir Arbeitskräfte mobil gemacht haben, die vor dem Kriege brach lagen. Wir empfinden auch die Verluste an Arbeitskräften deshalb besonders, weil wir fast ausschließlich Qualitätsmenschen verlieren. Unsere Gegner führen die Völker des ganzen Erdballs gegen uns in den Kampf, vielfach Völker, die kulturell und wirtschaftlich tief unter uns stehen. Wir aber müssen hochwertige, kulturell und wirtschaftlich wertvolle Menschen opfern.

Der Verlust hoch qualifizierter Arbeitskraft wird sich nach dem Kriege erst recht fühlbar machen. Deutschland war vor dem Kriege ein Industrie-Veredelungsland ersten Ranges. Unsere Gesamtein- und Ausfuhr betrug rund 22 Milliarden Mark pro Jahr. Die Eigenart unserer Volkswirtschaft bestand darin, daß wir Rohstoffe aus dem Auslande einführten, sie mit Hilfe einer hoch entwickelten Industrie verarbeiteten und die Fertigware auf den Weltmarkt warfen. Nur so konnten wir unser 70 Millionen-Volk ernähren. Nach dem Kriege wird unser Bestreben dahin gehen müssen, unsere weltwirtschaftliche Stellung wiederzugewinnen. Der von unseren Gegnern angedrohte Wirtschaftskrieg mag in den ersten Jahren sich fühlbar machen, aber das Prinzip der Arbeitsteilung und der Wirtschaftlichkeit lassen sich auf die Dauer auch in der Weltwirtschaft nicht ausschalten. Für Deutschland lautet die Parole: „Waren- oder Menschen-Export". Auch den Arbeitnehmern wird der Warenexport lieber sein. Wir werden auch nach dem Kriege gezwungen sein, imperialistische Politik zu treiben, zwar nicht in dem Sinne der Unterjochung fremder Völker, sondern im Sinne des Warenaustausches. Mitteleuropa mag erstrebenswert sein, aber wir dürfen uns durch das Schlagwort Berlin-Bagdad nicht täuschen lassen. Trotz Mitteleuropa können wir auf den Güteraustausch mit unseren heutigen Gegnern und insbesondere auf den überseeischen Export nicht verzichten. Bedenken wir doch, daß 3$^1/_3$ Milliarden, das ist der dritte Teil unserer gesamten Ausfuhr, in die Länder unserer Feinde ging.

Wir müssen alle Kräfte mobil machen, um Deutschland seine

frühere Weltmachtstellung zurückzugewinnen. Dazu gehören vor allen Dingen Arbeitskräfte. Gewiß sind viele Deutsche aus dem Auslande heimgekehrt, aber die ausländischen Arbeiter, z. B. die Italiener, werden nicht sofort nach dem Kriege zurückkehren. Welchen Ausfall das bedeutet, beweist die Tatsache, daß vor dem Kriege im rheinisch-westfälischen Industriegebiet über 1 Million ausländische Arbeiter beschäftigt waren. Wir müssen daher alle vorhandenen Arbeitskräfte ausnutzen, auch die der Kriegsbeschädigten. Es wäre wirtschaftlich unrationell, sich mit der Betonung des Rentenprinzips zu begnügen. Warum verwenden wir in der Invaliden- und Angestelltenversicherung so große Summen auf die Wiederherstellung der Gesundheit? Weil wir im Wirtschaftsinteresse die Arbeitskräfte wieder möglichst im alten Umfange herstellen wollen. Der Kriegsbeschädigte hat selbstverständlich einen Anspruch auf eine entsprechende Rente. Aber zum Rentenprinzip müssen das Heil- und Arbeitsprinzip treten, d. h. unter Ausnutzung aller medizinischen Mittel muß das Ziel sein, dem Kriegsbeschädigten seine Arbeitskraft in möglichst großem Umfange wiederzugeben.

Dazu treten die ethischen Gesichtspunkte. Unser Volk ist ein Arbeitsvolk. Naumann sagt in seinem Buch „Mittel-Europa“: „Es kommt uns kaum in den Sinn, daß wir deshalb unbeliebt sind, weil wir eine Arbeitsweise gefunden haben, die zunächst und auf längere Zeit hinaus kein anderes europäisches Volk uns so nachmachen kann, und die den anderen deshalb als nicht loyal erscheint.“ Diese Arbeitsmethode hat ihre Kraft vor allem darin, daß wir ein Bedürfnis nach Arbeit haben. Der Deutsche setzt sich nicht wie der Franzose zur Ruhe und spielt den Rentner, wenn er sich ein Kapital von 20 000 Franken erworben hat, sondern arbeitet weiter.

Der Beschäftigungslose fühlt sich gar zu leicht überflüssig. Er wird seiner Familie zur Last und übt einen ungünstigen Einfluß aus. Die Arbeit weckt beim Kriegsbeschädigten das Gefühl, daß er, wenn auch im verringerten Umfange, immerhin noch ein wertvolles Mitglied der menschlichen Gesellschaft ist, und stärkt das staatsbürgerliche Empfinden. Wir sind gewohnt, auch in unserer Sozialpolitik ethische Gesichtspunkte zu betonen — nennt sich doch die alte insbesondere den sozialpolitischen Gedanken vertretende Richtung in der Volkswirtschaftslehre die ethisch-historische. Es wird gut sein, auch in der Kriegsbeschädigten-Fürsorge die ethischen Gesichtspunkte nicht zu übersehen.

II. Die besondere Bedeutung der Kriegsbeschädigten-Fürsorge für die Privatangestellten.

Die Zahl der kriegsbeschädigten Angestellten ist nicht gering. Wenn man die Erfahrungssätze der Angestelltenverbände zugrunde legt, so stehen ungefähr 70 % der Privatangestellten im Felde. Die Zahl der kriegsverletzten Angestellten, die ihren Beruf nicht mehr ausüben können, dürfte trotzdem nicht allzu groß sein. Der Grund liegt darin, daß die geistige Tätigkeit die ausschlaggebende ist, zum mindesten die körperliche überwiegt. Den meisten kriegsbeschädigten Angestellten wird das Verbleiben im Berufe unter Übernahme einer anderen Art von Arbeit möglich sein. So wird der reisende Handlungsgehilfe mit Beinbeschädigung eine Stellung im Kontor suchen. Der Konstrukteur mit Armbeschädigung wird als Betriebsbeamter unterkommen können.

Der Bund der technisch-industriellen Beamten hat ein Merkblatt über die Verwendungsmöglichkeit Kriegsbeschädigter im technischen Berufe herausgegeben. Er macht darin den Versuch festzustellen, welche Beschäftigungsmöglichkeiten bei den einzelnen Verletzungen noch möglich sind. (Industriebeamten-Zeitung 1916. Nr. 3.) Das preußische Landesgewerbeamt hat erklärt, daß kriegsbeschädigten Technikern, die sich für den Fortbildungsschuldienst eignen, der Besuch des Seminarkursus für Fortbildungsschullehrer durch finanzielle Unterstützung möglichst erleichtert werden soll. (Deutsche Techniker-Zeitung 1915. Heft 25/26.)

Für die kriegsbeschädigten Privatangestellten gelten natürlich hinsichtlich der Heilbehandlung, Berufsberatung und Umlernung die allgemeinen Grundsätze der Kriegsbeschädigten-Fürsorge. Die Angestelltenversicherung behandelt Berufsberatung und Berufsumlernung kriegsbeschädigter Versicherter als Heilverfahren und übernimmt die Kosten, auch wenn der bisher Versicherte in dem neu zu erlernenden Berufe nicht mehr versicherungspflichtig sein wird. Innerhalb dieses Rahmens trägt die Reichsversicherungs-Anstalt die Kosten der Hin- und Rückreise nach dem Ausbildungsort in der 3. Wagenklasse, die Kosten des Unterrichts und der notwendigen Unterrichtsmittel, die Kosten für Wohnung und Verpflegung am auswärtigen Aufenthaltsort gegen besonderen Nachweis zu einem täglichen Verpflegungssatze von höchstens 6 Mark. Hat der Kriegsbeschädigte Angehörige, deren Unterhalt er ganz oder überwiegend aus seinem Arbeitsverdienst bestritten hat, so soll diesen eine Unterstützung in Form des sog. „Hausgeldes“ gegeben werden.

Die besondere Bedeutung der Kriegsbeschädigten-Fürsorge für die Privatangestellten liegt darin, daß eine große Zahl Kriegsbeschädigter aus anderen Berufen Unterkommen in den Stellungen der Privatangestellten sucht. Daneben kommen noch in Betracht: Der Ersatz der Kriegsbeschädigten durch Frauenarbeit, der Einfluß der Rente auf das Gehalt, die soziale Ausgestaltung der Rente und die Kapitalisierung der Rente im Sinne der Wohnungsfürsorge und die Unterbringung der Kriegsbeschädigten in Berufsstellungen.

Über die Heilbehandlung, die einen wichtigen Abschnitt der Kriegsbeschädigten-Fürsorge bildet, ist in diesem Zusammenhange wenig zu bemerken. Es entspricht der oben vertretenen Auffassung von der Unentbehrlichkeit der noch vorhandenen Arbeitskraft der Kriegsbeschädigten, daß kein Mittel unversucht gelassen wird, die eingetretenen Schäden zu beseitigen. Chirurgie und Orthopädie haben die Aufgabe, die weitgehendste Gebrauchsfähigkeit der Glieder wieder herzustellen und die zweckdienlichsten Ersatzglieder zu beschaffen. Die Mittel dazu bereitzustellen, ist Aufgabe des Reiches.

Auf einer Sitzung der Kriegsbeschädigten-Organisationen der Stadt Berlin im Juli 1915 ließ das Preußische Kriegsministerium erklären, daß es als seine Pflicht ansehe, mit allen erreichbaren Mitteln die durch den Krieg in ihrer Gesundheit geschädigten Kriegsteilnehmer unter Berücksichtigung ihrer persönlichen und wirtschaftlichen Verhältnisse wieder zu vollgültigen Gliedern des wirtschaftlichen Lebens, d. h. sie vollkommen oder bis zum höchsten Grade erwerbsfähig zu machen. Alles, was hierzu erforderlich erscheint, werde geschehen. Niemand dürfe aus den Lazaretten entlassen werden, ehe nicht endgültig feststehe, daß eine weitere Lazarettbehandlung zu keinem besseren Erfolge führen könne.

III. Die Berufsberatung und Berufsausbildung.

Berufsberatung und -ausbildung bilden vom Standpunkte der Angestellten aus den weitaus wichtigsten Abschnitt der Fürsorge. Das Ziel der Berufsberatung ist, die Kriegsbeschädigten möglichst ihrem alten Berufe zu erhalten. Ein Berufswechsel darf nur in den dringendsten Fällen vorgenommen werden.

Der Erreichung dieses Zieles stehen aber große Hindernisse entgegen. Es ist psychologisch verständlich, daß der Kriegsbeschädigte, der bisher körperliche Arbeit verrichtet hat, vielfach glaubt, seinen bisherigen Beruf nicht mehr ausüben zu können. Er strebt nach einem Berufe, der ihm in die Augen fällt, dessen Arbeit ihm vornehm und bequem erscheint. Ganz von selbst kommt er auf den Angestelltenberuf. Er will Schreiber, Handlungsgehilfe, Bankbeamter, Techniker oder Beamter im Staats- und Gemeindedienst werden.

Der Privatangestelltenberuf wird von vielen Kreisen verkannt. Weil der Angestellte für seine äußere Lebenshaltung, Kleidung und Wohnung infolge seiner sozialen Stellung größere Aufwendungen machen muß, erscheint sein Beruf den Außenstehenden als besonders vornehm. In der Öffentlichkeit werden die großen Einkommen der führenden Männer in Industrie und Handel bekannt, nicht aber das Durchschnittseinkommen der Privatangestellten. Nur wenige Menschen wissen, daß nach dem amtlichen Material der Reichsversicherungs-Anstalt für Angestellte der Jahresarbeitsverdienst für männliche Versicherte pro Kopf 1940 Mark betrug, und daß er selbst in den Jahresklassen, die das höchste Einkommen aufweisen, nämlich die zwischen 40 und 45, nur 2464 Mark erreicht. Auf diese Weise gilt der Angestelltenberuf vielfach als rentabel.

Dazu kommt das Bestreben gewisser Kreise, insbesondere unserer sozial tätigen Frauenwelt, den Kriegsbeschädigten einem sog. besseren oder höheren Berufe zuzuführen. Die „Zeitschrift für gewerblichen Unterricht" vom 4. August 1916 berichtet über drei ganz besonders auffallende Fälle:

„Ein Ortsvorstand schickt an die Hauptberatungsstelle der Provinz Brandenburg den wohl allerwärts mit mehr oder weniger Abweichungen eingeführten Fragebogen und bittet darin, den Zimmermann N. N. zur Ausbildung im Holzbildhauerberuf zu verhelfen; Berufswechsel sei nötig; die Ausbildungszeit dauere ein halbes Jahr. Da es sich um einen älteren Mann handelte, und die in Vorschlag gebrachte nur halbjährige Ausbildungszeit darauf hindeutete, daß der Berufsberater sich in einem Irrtum über die Schwierigkeit des angeratenen Berufes befinden mußte, wurde der Kriegsbeschädigte zur Sprechstunde vorgeladen. Dabei ergab sich, daß der alte, biedere Landwehrmann niemals den Wunsch geäußert hatte, Holzbildhauer werden zu wollen, vielmehr jedes Umlernen als eine unbegründete Zumutung weit von sich wies, da er ja in nicht allzu ferner Zeit seinen alten, liebgewonnenen Beruf werde wieder ausüben können und bis dahin seiner hochbetagten Mutter das kleine Anwesen in Ordnung bringen und das Land bestellen könne.

Einem Maurer, der den linken Arm verloren hat, und infolgedessen für den Maurerberuf naturgemäß nicht mehr in Frage kommen kann, ist vom Berufsberater empfohlen worden, Bautechniker zu werden. Bei der Vorladung des Kriegsbeschädigten vor die Hauptberatungsstelle wird festgestellt, daß es sich um einen braven, aber nach jeder Richtung hin unbefähigten Mann mit einfachster Dorfschulbildung handelt, der nicht viel mehr als seinen Namen fehlerlos zu schreiben vermag.

In der Sprechstunde erscheint ein Heizer, 30 Jahre alt, kräftiger, schwarzhaariger Bursche — aber einarmig. Nachdem er einige Monate zur völligen Zufriedenheit seines Arbeitgebers seinen Posten ausgefüllt und sich ein vorzügliches Zeugnis erworben hat, erklärt er, seinen Beruf nicht mehr ausüben zu können, weil er ihm zu schwer sei. Eine leichtere Heizerstelle anzunehmen, lehnt er beharrlich ab. Nach endlosem Hin und Her ergibt sich, daß er Kunstmaler werden will. Im Lazarett hat er aus langer Weile zum Bleistift gegriffen; die Frau Oberin hat seine Leistungen gebührend bewundert und ihm dann geraten -- Kunstmaler zu werden. Sein Lebensgang: Einklassige Dorfschule — Hütejunge — Militärzeit — Heizer in der Großstadt!"

Auf diese Weise wird der Kriegsbeschädigte einfach zum Handlungsgehilfen oder zum Techniker ernannt.

Nicht um den Angestellten eine unliebsame Konkurrenz vom Halse zu halten, sondern im Interesse der Kriegsbeschädigten, die davor bewahrt werden müssen, in einen überfüllten Beruf mit durchschnittlich ungünstigen Wirtschaftsbedingungen hineinzugeraten, muß solcher Auffassung entgegengetreten werden.

Zunächst gilt es, psychologisch auf den Kriegsbeschädigten einzuwirken. Sobald es möglich ist, soll man den Kriegsbeschädigten in seine alten Lebensverhältnisse zurückbringen, wenigstens in seine Heimatprovinz überweisen.

Sodann ist dafür Sorge zu tragen, daß Männer des praktischen Lebens mit dem Kriegsbeschädigten in Verbindung kommen. Es genügt nicht, wenn Geistliche, Ärzte, Lehrer, helfende Damen mit dem Kriegsbeschädigten in Fühlung gelangen. Der Kriegsbeschädigte muß Gelegenheit haben, sich mit Vertretern des Berufes, dem er sich neu zuwenden will, auszusprechen. Darum ist den Verbänden der Angestellten die Möglichkeit zu geben, mit den Kriegsbeschädigten in persönliche Berührung zu gelangen.

In einem Ministerialerlaß der preußischen Behörden vom

15. Juni 1915 werden als zur Berufsberatung besonders geeignet bezeichnet: Leiter und Lehrer an gewerblichen, kaufmännischen und landwirtschaftlichen Fach- und Fortbildungsschulen, gewerbliche Aufsichtsbeamte, Eigentümer und Beamte industrieller Betriebe. Damit ist dem Angestellten die Möglichkeit der mündlichen Berufsberatung gegeben. Er wird dem Kriegsbeschädigten die Schwierigkeiten in dem Angestelltenberuf klarzumachen haben und wird in ihm das Vertrauen zum alten Berufe wieder wecken können. Leider werden die Angestellten nicht überall in genügendem Maße zur Berufsberatung hinzugezogen, trotz der Erklärung des Preußischen Kriegsministeriums, daß die Vertreter der Berufskommissionen in weitestem Umfange auf das Entgegenkommen der Lazarettverwaltungen beim Aufsuchen von Verwundeten rechnen könnten.

Die Praxis beweist, daß die weitaus größte Zahl der Kriegsbeschädigten in ihrem Berufe bleiben kann. Landwirtschaft und Handwerk bieten manche Unterkunftsmöglichkeiten. Aus der bekannten, von Dr. Biesalsky herausgegebenen Broschüre: „Kriegskrüppel-Fürsorge" können wir den Trost entnehmen, daß bei dem größten Teil der Kriegsbeschädigten ein ansehnlicher Rest der alten Arbeitskraft nutzbar gemacht werden kann. Höchstens 5—10 % der Schwerverwundeten sind demnach zu einem Berufswechsel gezwungen. Daß nur wenige Kriegsbeschädigte vollkommen beschäftigungslos bleiben müssen, ergibt sich ferner aus einer Mitteilung des Landesrats Dr. Horion auf der Tagung des Vereins für Kommunalwirtschaft und Kommunalpolitik im Jahre 1915. Unter den 6200 mit Rentenansprüchen entlassenen und der Fürsorge überwiesenen Kriegsbeschädigten wurden nur 8 hoffnungslose Fälle beobachtet, in denen es nach gewissenhafter Prüfung der Sachlage und trotz aller Bemühungen sachverständiger Berater nicht mehr möglich war, den Kriegsbeschädigten irgendeiner Erwerbstätigkeit zuzuführen.

Hat der Kriegsbeschädigte sich zu einem neuen Beruf entschlossen, so ist bei der Berufsausbildung dafür Sorge zu tragen, daß die Ausbildung eine sachgemäße und genügende ist. Heute mag mancher Kriegsbeschädigte bei der nationalen Hochstimmung Unterkommen finden und wird hinsichtlich seiner Kenntnisse ein Auge zugedrückt. Sobald aber wieder der volle Wettbewerb einsetzt, und an die Stelle der nationalen Hochstimmung das nüchterne Rechnen tritt, werden die mangelhaft ausgebildeten Kriegsbeschädigten den Anforderungen nicht mehr entsprechen und entlassen werden. Sie sinken zu bedauernswerten Existenzen herab, die in keinem Berufe etwas Ordentliches leisten können.

Hinsichtlich der Techniker schreibt Baugewerkschul-Direktor Hirsch: „Die Vollausbildung zum Techniker kann nicht auf Nebenwegen betrieben werden, zu ihr gehört der Vollbesuch der Fachschule, sie nimmt den Schüler so ganz und gar in Anspruch, daß er ihr auch ganz angehören muß. Lazarettbehandlung und Schulbesuch können nicht nebeneinanderlaufen. Vor allen Dingen aber kläre man die Fürsorgestellen für die Kriegsbeschädigten überall gründlich und sorgfältig auf, daß sie nach Möglichkeit nicht mehr die billigste, sondern die beste Ausbildung auf den Fachschulen für die zu versorgenden Vaterlandsverteidiger aus dem Kreise der Bauhandwerker fordern. Die Fachkreise aber und die Innungsverbände mögen ihr gewichtiges Wort mit in die Wagschale werfen, daß nicht etwa aus mißverstandener Sparsamkeit oder aus Unkenntnis der Verhältnisse heraus minderwertige technische Kräfte herangebildet werden, durch die meiner Überzeugung nach nur eine Vermehrung des Techniker-Proletariats hervorgerufen werden würde. Gerade nach der überaus bedeutungsvollen Rolle, die in dem immer noch wütenden Kampfe um unser Sein oder Nichtsein die Technik spielt, muß alles darangesetzt werden, daß jegliche technische Ausbildung so hoch und gut und rein werde, wie es nur irgend geht."

Entsprechend übertragen gilt dies auch für die übrigen Angestelltenberufe.

Ganz besonders bedauerlich ist die marktschreierische Reklame privater Unterrichtstätigkeit, die sich den Kriegsbeschädigten unter den verlockendsten Versprechungen anbietet. In einem Vierteljahr kann man keinen neuen Beruf erlernen. Vor solchen Ausbildungsmöglichkeiten: „Schulen für Kriegsbeschädigte" usw., kann nicht genügend gewarnt werden. Die Ausbildungseinrichtungen für Kriegsbeschädigte müssen daher, wenn eine Besserung eintreten soll, soweit sie nicht von Staats wegen getroffen sind, besonderer Genehmigungspflicht und fachlicher Beaufsichtigung durch die zuständige Behörde unterworfen werden. Einzelne Generalkommandos haben bereits Verfügungen erlassen, um die Kriegsbeschädigten vor Ausbeutung zu schützen, so das stellvertretende Generalkommando des 9. Armeekorps zu Altona. Danach sind öffentliche Ankündigung privater Lehrgänge, die zum Zwecke der Berufsschulung Kriegsbeschädigter eingerichtet oder bestimmt und von dem Träger der bürgerlichen Fürsorge nicht ausdrücklich anerkannt und empfohlen sind, sowie jede mündliche und schriftliche Aufforderung Kriegsbeschädigter zur Teilnahme an privaten Lehrgängen verboten.

Die Grenzen der Kriegsbeschädigten-Fürsorge können gar nicht scharf genug betont werden. Aus der Neigung der Kriegsbeschädigten und aus der medizinischen Geeignetheit kann sich leicht eine Überfüllung für einen Beruf ergeben. Der Verband katholisch-kaufmännischer Vereinigungen arbeitet daher auf einen Ausbau der Kriegsbeschädigten-Statistik nach der beruflichen Seite hin, damit die Umschulung nicht wie bisher vorwiegend nach medizinischen Gesichtspunkten oder lediglich nach der Zuneigung des Kriegsverletzten, sondern mehr nach der Zahl und Aufnahmefähigkeit der Erwerbsstände geregelt werde. In einer Denkschrift des genannten Verbandes zur Frage des Kriegsschäden-Ausgleichs heißt es: „Zunächst muß Klarheit geschaffen werden, für welchen Bezirk der Plan aufgestellt werden soll, ob für den Staat oder für die Provinz. Ist dieses geschehen, so wird an Hand der letzten Berufszählungen der Prozentanteil der einzelnen Berufe in der Gesamtheit der Erwerbstätigen aller Berufe ermittelt, und diejenigen Invaliden, die einen neuen Beruf ergreifen müssen, werden nach dem Prozentanteil auf die einzelnen Berufe unter möglichster Berücksichtigung ihrer Eignung und ihrer Neigung verteilt. Angenommen, ein Beruf umfaßt 9 % aller Erwerbstätigen, es seien andererseits 2000 Invaliden unterzubringen. Er würde dann 9 % hiervon, also ungefähr 180 Kriegsinvaliden aufzunehmen haben."

Das wird schwer durchzuführen sein, immerhin kann die Warnung vor bestimmten Berufen Erfolg haben. Der Verband Deutscher Bureaubeamten (Sitz Leipzig), der Verband Deutscher Rechtsanwalts- und Notariatsbureaubeamten — Wiesbadener Verband — und der Bund Süddeutscher Rechtsanwaltsgehilfen-Verbände (Sitz Augsburg) halten es für notwendig, Stellung gegen die der Zahl nach übermäßige Ausbildung Kriegsbeschädigter zu Stenographen und Maschinenschreibern zu nehmen. Die Sorge um die Fortkommensmöglichkeit der Kriegsbeschädigten veranlaßt die Verbände zum Hinweis auf

2*

die geringe Entlohnung und den vorhandenen Überschuß derartiger Arbeitskräfte, sowie auf die Konkurrenz der Maschinenschreiberinnen, welcher namentlich die einarmigen, zu Maschinenschreibern ausgebildeten Kriegsbeschädigten nicht ausgesetzt werden dürfen. Deshalb regen die Verbände die Einstellung der bisher zu Stenographen und Maschinenschreibern ausgebildeten Kriegsbeschädigten in die militärischen Verwaltungszweige an und warnen, voll ernster Sorge, vor der Ausbildung weiterer Kriegsbeschädigter zu Stenographen und Maschinenschreibern. Um die Existenz kriegsbeschädigter Anwaltsangestellter zu sichern, soll deren fachliche Ausbildung in besonderen Fachschulen durchgeführt werden.

Die Beratungsstelle in Aachen hat bei 269 Verletzten, die bis 10. Juli 1915 beraten wurden, erreicht, daß nicht ein einziger zum Schreiberberuf überging, obwohl bei sehr vielen Neigung dazu bestand.

Es kommt auch vor, daß gewisse Schichten auf Grund ihrer bisherigen Stellungen und Berufe glauben, im Falle der Kriegsbeschädigung und ohne allzu große Anstrengung zu anderen Berufen geeignet zu sein. Als Beispiel sei hier der Offiziersstand genannt[1]). Gegen den Hilfsbund für kriegsverletzte Offiziere ist gewiß nichts einzuwenden, wohl aber gegen die Tendenzen, wie sie sich dort zeigen. Die von so vielen Seiten unterstützte Forderung des Tages — militärische Jugenderziehung baut die Brücke zum Lehrerberuf. Gleich rechnet sich das Organ des Hilfsbundes heraus, daß beider Beruf ein erzieherischer ist, und daß die Not des Krieges die Erstarkung, die innere und äußere Ertüchtigung der Jugend für den Dienst am

[1]) Deutsche Techniker-Zeitung 1916 Nr. 9/10.

Vaterland in den Vordergrund gestellt hat gegenüber der vielleicht allzu starken Betonung des wissenschaftlichen Charakters der Schulerziehung vor dem Kriege. Selbstverständlich kommt für den Verfasser als angemessene Beschäftigung für rüstige Offiziere a. D. in erster Linie der höhere Schuldienst in Frage. Er will zwar gelten lassen, daß es sich nur um diejenigen handelt, die pädagogische und wissenschaftliche Neigungen für eine solche Tätigkeit geeignet machen, aber unter dieser Voraussetzung werden sie sich in Vorbereitungskursen unschwer die Kenntnisse aneignen, welche die Tätigkeit an einer Schule notwendig erscheinen läßt, „da diese ohnehin als ganzes von einem Manne, der in militärischen Wissenschaften erfahren ist, Gewinn haben würde".

Ein anderer Ratgeber sieht im Buchhandel ein ausgezeichnetes Betätigungsfeld für kriegsverletzte Offiziere. Alles ganz schön und gut. Selbstverständlich wird es auch unter ihnen Persönlichkeiten geben, deren Neigung und Fähigkeiten den wissenschaftlichen und geschäftlichen Anforderungen entsprechen. Aber die leidige Tendenz. Nicht etwa dort, wo jeder tüchtige Buchhändler auch angefangen hat, soll der Offizier anfangen, nein, die gut bezahlten Posten des Verlagsbuchhandels, die gehobenen und die leitenden Stellungen muß er beanspruchen. Nun die Antwort darauf ist ja im Börsenblatt für den deutschen Buchhandel von berufener Seite bereits erteilt. Sie bezeichnet es als erste Pflicht des Buchhandels, für die aus dem Felde zurückkehrenden buchhändlerischen Angestellten zu sorgen. „Auch diese sind Anwärter auf die gehobenen Stellungen, auf die der kriegsverletzte Offizier rechnet; auch sie kommen mit gewaltig erweitertem Blick, mit militärischen und Sprachkenntnissen, mit gesteigerter Organisationsgabe heim."

Ein andermal sind die Offiziere geradezu prädestiniert,

zu landwirtschaftlichen Betriebsleitern, denn — sie stammen zum mindesten in sehr großer Zahl von ländlichen Familien, haben in ihrer jetzigen Stellung die Fähigkeit der raschen Disposition, der Leitung, der Menschenbehandlung in hervorragendem Maße ausgeübt. Diese Fähigkeit der Leitung ist überhaupt der Schalk, der den hilfsbeflissenen Ratgebern allen im Nacken sitzt. Auch dem Herrn Stadtbaurat Metzger in Bromberg, der dem kriegsverletzten Offizier wiederum die Leitung kleinerer und mittlerer Gas- und Wasserwerke anvertrauen möchte, ohne ihnen aber die Zeit allzusehr zu beschneiden, die der Gasdirektor, der bedingungslos zu den Honorationen gezählt wird, nebenher noch dem Kriegervereinswesen, der Jugendwehr und ähnlichem leitend zu widmen pflegt.

Man möchte über solche Anschauungen ja am liebsten mit einem verzeihenden Lächeln hinweggehen, wenn ihre praktische Auswirkung nicht so bitter ernste Folgen hätte. Die nächste ist natürlich die denkbar bescheidenste Anforderung an wirkliche fachgemäße Ausbildung. Als freiwilliger Betriebsassistent erlernt der Anwärter in wenigen Monaten Betrieb und Verwaltung, nebenher muß mit Hilfe der vorzüglichen Fachliteratur Selbststudium betrieben werden, dann folgt ein 6 bis 8wöchiger Kursus zur Erlangung der nötigen theoretischen Kenntnisse und zur Beherrschung der chemischen Vorgänge.

„So ausgerüstet muß ein ehemaliger Offizier mit der seinem Berufe entsprechenden Schulbildung in der Lage sein, die Leitung eines mittleren Werkes zu übernehmen und darin gutes leisten zu können. Das Fehlen einer gründlichen Ausbildung im Schlosserhandwerk oder in der Bedienung und dem Verständnis größerer Maschinen ist zwar ein Mangel, der aber bei sonst vorhandener Veranlagung bald überwunden wird." —

Es ist nur ein Trost, daß in der Technik das Können und der Erfolg noch den Ausschlag geben, weil davon die wirtschaftliche Ertragsfähigkeit abhängt, auf welche die Besitzer der Gas- und Wasserwerke, die Gemeinden, nach dem Kriege erst recht nicht werden verzichten können.

Wir wiederholen mit dem Verfasser der Erwiderung im Börsenblatt für den deutschen Buchhandel:

> „Nicht nur als Lückenbüßer will der vom kriegsverletzten Offizier notgedrungen erwählte Beruf betrachtet sein. Neigung und Hochachtung — und wir fügen hinzu gründliche fachliche Ausbildung — ist für alle Berufe notwendig."

IV. Der Ersatz der Kriegsbeschädigten durch Frauenarbeit.

Diese Frage hat für die Handlungsgehilfen, Bureauangestellten und Bankbeamten größere Bedeutung als für die Techniker. Allerdings dringt die Frau in den letzten Jahren und insbesondere während des Krieges in größerem Umfange auch in den Technikerberuf ein.

Man kann sich ruhig auf den Standpunkt des Deutschnationalen Handlungsgehilfen-Verbandes, wie er ihn in seiner Broschüre „Wenn der Friede kommt" vertritt, stellen. In der Broschüre heißt es nämlich: „So gibt auch hier der Krieg wieder eine Lehre, die hoffentlich dazu führt, daß nunmehr ernsthafte Schritte unternommen werden, damit 1. der natürliche Beruf des Weibes in den Mittelpunkt der gesamten Erziehung und Ausbildung des heranwachsenden weiblichen Geschlechts tritt, und daß demzufolge 2. die gesamte weibliche Jugend zwischen 14 und 18 Jahren zum Besuch eines Haushaltungsunterrichts in der Fortbildungsschule verpflichtet wird. Schülerinnen höherer Lehranstalten erhalten den Unterricht in ihrer Schule nach den gleichen Grundsätzen."

Auch die Verbündeten kaufmännischen Vereine für weibliche Angestellte haben auf ihrer zweiten Kriegstagung in Karlsruhe 1916 Leitsätze für die Eindämmung des Zustromes weiblicher Kräfte für den kaufmännischen Beruf aufgestellt. Es wird darin verlangt: „Aufklärung der Eltern und Vormünder wie der jungen Mädchen selbst über die Anforderungen, die das kaufmännische Berufsleben stellt, über Ausbildungsmöglichkeiten und über Zukunftsaussichten durch Berufsberatungsstellen, durch die Schulen (Abhaltung von Elternabenden), durch die Presse."

Dieses Zugeständnis ändert aber nichts daran, daß die Frau grundsätzlich das Recht hat, auch in den kaufmännischen und technischen Beruf einzutreten. Von jeher war es üblich, die Arbeitskraft der Frau volkswirtschaftlich nutzbar zu machen. In der alten Hauswirtschaft übte die Frau eine ganze Reihe gewerblicher Funktionen aus. Sie bediente Spinnrad und Webstuhl und übte sich selbst im Gewerbe des Bierbrauers. Die scharfe Trennung zwischen Landwirtschaft und Gewerbe nahm der Frau in großem Umfange Beschäftigungsmöglichkeit. Eine ganze Menge gewerblicher Arbeit wurde außerhalb des Hauses gelegt, und so war es ganz natürlich, daß die Frau gezwungen war, in größerem Umfange auch außerhalb des Hauses sich Beschäftigung zu suchen.

Wenn der Deutschnationale Handlungsgehilfen-Verband in seiner oben genannten Broschüre verlangt, daß eine weitere Heranbildung weiblicher Angestellten durch Schulen zu untersagen ist, solange der Bedarf durch die Angebote von Handlungsgehilfen und bereits im Handelsgewerbe tätigen oder ausgebildeten weiblichen Hilfskräften gedeckt werden kann, so ist dieser Vorschlag nicht durchzuführen. Richtiger sind die Vorschläge, wie sie in den Leitsätzen der Verbündeten kaufmännischen Vereine für weibliche Angestellte gemacht werden. Sie lauten:

1. Strengere Auswahl unter den Bewerberinnen durch die Geschäftsinhaber. Mindestforderung: Schulzeugnis der Volksschule, in welchem wenigstens die Hauptfächer mit „gut“ bezeichnet sind.

2. Einführung einer mehrjährigen Lehrzeit, verbunden mit Fortbildungsunterricht, der in höherem Maße wie bisher die Verkaufstätigkeit berücksichtigt.

3. Schaffung von Verkäuferinnenschulen und Gelegenheit für die Weiterbildung von Verkäuferinnen durch Kurse in Warenkunde, im Dekorieren, in Geschmacksbildung, Besuchen von Gewerbemuseen u. a. m.

4. Beseitigung der Mißstände, hervorgerufen durch die sogenannten Handelspressen mit kurzfristigem, minderwertigem Unterrichte, die viele ungeeignete Elemente anlocken.

a) Durch Unterstellung aller privaten Handelsschulen und des privaten Handelsunterrichts unter die Aufsicht der Behörden.

b) Durch strengere gesetzliche Bestimmungen gegenüber den Handelspressen, wie sie in der Eingabe der sozialen Arbeitsgemeinschaft der Handlungsgehilfenverbände und der Verbündeten kaufmännischen Vereine für weibliche Angestellte an alle Bundesstaaten vorgeschlagen sind.

5. Allgemeine Einführung einer mehrjährigen Lehrzeit für alle aus den Volksschulen entlassenen Mädchen, die sich dem kauf-

männischen Berufe widmen wollen, ergänzt durch den Besuch der kaufmännischen Fortbildungsschule.

6. Schaffung guter Handelsschulen mit gebundenem Lehrplan durch Staat und Gemeinden, mit entsprechender Herabsetzung der praktischen Lehrzeit und Befreiung vom Fortbildungsschulunterricht.

7. Erhöhte Anforderung seitens der Geschäftswelt in bezug auf die nötige Allgemeinbildung und ausreichende Fachbildung bei der Einstellung jugendlicher Bewerberinnen in ihre Betriebe.

8. Ausscheidung ungeeigneter Kräfte durch die Stellenvermittelung der Vereine und Verweisung auf andere Berufsgebiete.

Der Deutsche Techniker-Verband hat auf seinem 22. Verbandstag in Metz 1914 sich zu folgenden grundsätzlichen Forderungen bekannt:

1. Die Zulassung zum Unterricht an den staatlichen und staatlich anerkannten Fachschulen für Schüler beiderlei Geschlechts erfolgt unter denselben Bedingungen hinsichtlich der praktischen Ausbildung.

2. Die Genehmigung zum Unterrichtsbetrieb an private Anstalten wird von der Erfüllung dieser Bedingung abhängig gemacht.

3. Unter der Voraussetzung gleicher Vorbildung gelten in gleichartigen Stellungen für weibliche technische Angestellte dieselben Arbeitsbedingungen wie für männliche.

Trotz aller grundsätzlichen Berechtigung der Frauenarbeit auch in kaufmännischen und technischen Berufen ist es gewissenlos, die Frau unter Vorspiegelung einer besonders günstigen Kriegskonjunktur in die Angestelltenberufe mit Macht hineinzulocken. Am schlimmsten wirken hier die Anzeigen privater Unterrichtsanstalten. So bringt die Jenaische Zeitung unter dem 9. Januar 1916 folgende Anzeige: „Zur Zeit beste Gelegenheit für Damen, da stets große Nachfrage besteht. Ausgebildete Schüler befinden sich in erstklassigen Stellungen." In den Münchener Neuesten Nachrichten vom 6. Januar 1916 heißt es: „Bernhard Schwartz, akademisch gebildeter Handelslehrer und Meisterschaftsstenograph für Bayern verkündet: Für Bureau und Kontor werden Fräuleins und Herren gründlich ausgebildet. 73 Schülerinnen fanden während des Krieges Stellung mit Gehältern bis 120 Mark monatlich."

Die Deister Weserzeitung in Hameln i. W. vom 13. Februar 1916 schreibt: „Die private Handelsschule ‚Merkur' behauptet: Die Kriegslage erfordert Ersatz in ungezählten kaufmännischen Betrieben: der Anfragen nach brauchbaren Kräften — Damen und Herren — sind zur Zeit sehr viele. Die meisten meiner Schüler sind in gut bezahlten Stellungen; ich betrachte es als eine meiner Hauptaufgaben, meinen Schülern zur Erlangung solcher Stellungen jederzeit mit Rat und Tat kostenlos behilflich zu sein."

Die Deutsche Techniker-Zeitung schreibt in Heft 49/50 vom Jahre 1915: „Wenn der neue Frauenberuf — gemeint ist der Beruf der Techniker — wirklich aussichtsvoll sich erweisen soll, so darf er nicht unter dem Gesichtswinkel der Kriegskonjunktur erfaßt werden. Diejenigen Damen, welche nach dem verlockenden Angebot der Firma Multhaupt & Co. die Vorteile sich zunutze machen und schnell eine angenehme Lebensstellung erhalten wollen, würden eine bittere Enttäuschung erleben, gleichviel ob sie nun

„auf dem praktischen technischen Bureau der Firma in durchschnittlich 2 Monaten gründlicher Ausbildung durch sehr erfahrene Diplomingenieure gegen ein monatliches Honorar von nur 30 Mark erhalten, oder ob sie in dem Hamburger Schnellkursus des Herrn Direktor Kempf 200 Mark opfern oder irgendeinem andern der vielen Menschenfreunde anheimfallen. Wir warnen dringend vor der Kriegskonjunktur."

V. Die Gehaltsfrage.

Der Kriegsbeschädigte kehrt aus dem Felde zurück. Er kennt die Verhältnisse in seinem Beruf, dem er längere Zeit ferngestanden hat, nicht mehr. Er hat Angst, es könnte ihm schwer fallen, eine neue Stellung zu bekommen, und er greift, wenn ihm eine Stellung angeboten wird, rasch zu. Er wird sich gar zu leicht seine Rente oder einen Teil derselben auf sein Gehalt anrechnen lassen. Er sagt sich: „Vor dem Kriege hatte ich 300 Mark, jetzt erhalte ich 50 Mark Rente. Wenn ich also eine Stellung mit 250 Mark Gehalt bekomme, habe ich immer noch das gleiche Einkommen, wie vor dem Kriege."

Damit wird die Anrechnung der Rente zur Gehaltsdrückerei, und die übrigen Angestellten werden an der Angelegenheit interessiert. Sie haben recht, wenn sie betonen, daß für die Bemessung des Gehaltes nur die Leistungsfähigkeit im Beruf maßgebend sein kann.

Die Arbeitgeber der Privatindustrie stellen sich im großen ganzen auch auf diesen Standpunkt. In der Deutschen Wirtschaftszeitung Nr. 17 vom Jahre 1915 schreibt Kommerzienrat Talbot aus Aachen: „Daß der Lohn des Verletzten unter allen Umständen lediglich seiner Arbeitsleistung zu entsprechen hat, ist ein Grundsatz, an dem unbedingt festzuhalten sein wird, auch dann, wenn der Verletzte vermöge seiner Rente ein höheres Gesamteinkommen erreicht als der Arbeiter mit gesunden Gliedern an der gleichen

Stelle. Wo Akkordsätze bestehen, müssen sie also auch für den Kriegsbeschädigten maßgebend sein."

In einem Gutachten des Zentralverbandes Deutscher Industrieller in Gemeinschaft mit der Vereinigung der Deutschen Arbeitgeber-Verbände an den Reichsausschuß der Kriegsbeschädigten-Fürsorge über die Entlohnung des Kriegsbeschädigten finden sich folgende allgemeine Richtlinien:

„1. Für die Bemessung des Entgelts des minderleistungsfähigen Kriegsbeschädigten ist seine tatsächliche Leistung, d. h. der Wert und die Menge der geleisteten Arbeit maßgebend; der Lohn wird bestimmt durch das Verhältnis seiner Leistung zur Leistung eines vollarbeitsfähigen Arbeiters desselben Berufszweiges.

2. Auf das zu zahlende Entgelt des Kriegsbeschädigten kommt seine Militärrente oder eine ihm sonst zufließende Zuwendung nicht in Anrechnung.

3. Bestehen für einen Betrieb auf Grund eines Tarifvertrages vereinbarte allgemeine Bestimmungen über die Art der Entlohnung, so finden diese Bestimmungen auch auf die Entlohnung des Kriegsbeschädigten entsprechende Anwendung. Für die Bemessung des Zeitlohnes bedarf es einer besonderen Vereinbarung zwischen dem Arbeitgeber und dem Kriegsbeschädigten.

4. In allen anderen Betrieben richtet sich die Entlohnung des Kriegsbeschädigten nach den für die übrigen Arbeiter geltenden Bestimmungen oder Gepflogenheiten."

Trotz dieser Erklärungen werden doch Stellen bekannt, in denen eine Anrechnung der Rente auf die Gehälter stattfindet. So hatte der Deutsche Bankbeamten-Verein Differenzen mit der Deutschen Bank. Die Deutsche Bank ist das einzige Bankinstitut, welches die Verträge mit seinen kriegsbeschädigten Beamten besonders regelt. Alle übrigen Großbanken lassen diese ohne weiteres in ihren alten Vertrag eintreten. Bei dem Eingehen besonderer Verträge ist die Gefahr der Anrechnung der Rente auf das Gehalt besonders groß.

Eine besondere Stellung nehmen die Behörden in der hier behandelten Frage ein. Auf der oben bereits erwähnten Tagung des Vereins für Kommunalwirtschaft und Kommunalpolitik führte Oberbürgermeister Luppe aus Frankfurt a. M. aus:

„Das Lohnproblem biete keine besonderen Schwierigkeiten, da die Gemeinde nicht nur die Angestellten, sondern auch die in den Betrieben beschäftigten Arbeiter überwiegend nicht nach dem Grade der Leistungsfähigkeit, sondern im Rahmen einer festen Lohn- oder Gehaltsstaffel bezahle. Sie könne den Kriegsbeschädigten also in die seiner Tätigkeit entsprechende Gehaltsskala einreihen, und wenn sie ihn in dieser Weise dem in seiner Leistungsfähigkeit nicht geschmälerten Arbeiter oder Angestellten gleich behandele bzw. gleich bezahle, so werde sie auch berechtigt sein, die Militärrente auf Gehalt oder Lohn anzurechnen."

Diese Auffassung wird man nicht ohne weiteres als richtig anerkennen können. Grundsätzlich ist bei der Bemessung des Beamten-Gehaltes oder des Gehaltes des Angestellten im öffentlichen Dienst die Leistungsfähigkeit maßgebend. Wenn die Behörde die Leistungsfähigkeit des Kriegsbeschädigten im Beruf noch so hoch anerkennt, daß sie ihn in eine Gehaltsskala einreiht, dann hat sie im übrigen nicht danach zu fragen, ob der Angestellte oder Beamte aus seinen Renten noch Einkommen bezieht. Außerdem darf nicht übersehen werden, daß der Kriegsbeschädigte gar oft gezwungen ist, besondere Aufwendungen für seine Gesundheit zu machen.

Für die Beamten bzw. die in der Eigenschaft eines Beamten beschäftigten Personen ist für das Verhältnis zwischen Gehalt und

Rente maßgebend der § 36 des Mannschafts-Versorgungsgesetzes. Dieser bestimmt, daß das Recht auf den Bezug der Rente ruht während einer Anstellung oder Beschäftigung im Zivildienst nach Maßgabe folgender Vorschriften:

a) Es ruhen alle unter 21/100 der Vollrente zuerkannten Rententeile.

b) Von höheren Renten ruhen außerdem alle 60/100 der Vollrente übersteigenden Rententeile.

Als Zivildienst gilt jede Anstellung oder Beschäftigung als Beamter oder in der Eigenschaft eines Beamten im Reichs-, Staats- oder Kommunaldienst, bei den Versicherungsanstalten für die Invalidenversicherung, bei ständigen oder solchen Instituten, welche ganz oder zum Teil aus Mitteln des Reiches, des Staates oder der Gemeinden unterhalten werden, oder in solchen zu den vorbezeichneten nicht gehörenden Zivilstellen, welche ganz oder zum Teil den Militäranwärtern und den Inhabern des Anstellungsscheines vorbehalten sind, wenn und solange der Angestellte oder Beschäftigte durch diesen Dienst ein Einkommen bezieht.

Die Frage bleibt nun, ob der Begriff „Anstellung" so zu verstehen ist, daß nur die Kriegsbeschädigten, die n a c h ihrer Verletzung in den Dienst von Reich, Staat oder Gemeinde treten, von dem § 36 betroffen werden, oder ob der § 36 auch für solche Personen gilt, die schon v o r ihrer Kriegsbeschädigung im Dienste von Reich, Staat oder Gemeinde beschäftigt waren.

Zu bemerken ist noch, daß der § 36 auf die Zusatzrente, also auf Verstümmelungs- und Kriegszulage, keinen Einfluß hat.

Das Preußische Kriegsministerium veröffentlicht folgende Bekanntmachung: „Die Tatsache der lohnbringenden Beschäftigung oder die Höhe des Verdienstes kann a l l e i n keine Veränderung oder Entziehung der Rente begründen. Eine Anrechnung des Verdienstes auf die Versorgungsgebührnisse ist unzulässig. Eine Minderung oder Entziehung der Rente könnte nur bei einer wesentlichen Steigerung der Erwerbsfähigkeit eintreten. Die Kriegszulage ist so lange fortzuzahlen, als der Versorgungsberechtigte in seiner Erwerbsfähigkeit in meßbarem Grade, also um mindestens 10 %, geschädigt ist. So würde zum Beispiel jemand, der durch den im Kriege erlittenen Verlust eines Fußes erwerbsbeschränkt geworden ist, stets neben der dem Grade seiner Erwerbsunfähigkeit entsprechenden Rente die Verstümmelungszulage von 27 Mark monatlich und die Kriegszulage beziehen, gleichviel, welches Einkommen er aus lohnbringender Beschäftigung hat. Weder Arbeitgeber noch Verletzte haben daher zu befürchten, daß die Verwendung eines solchen Verletzten und die wohlwollende Zahlung höheren Lohnes sachliche Nachteile für denselben herbeiführen könnte."

Amtlich wird folgendes bekanntgegeben: „Das Königlich Preußische Staatsministerium bringt in sämtlichen Betrieben des preußischen Staates den Grundsatz zur Anwendung, die Militärrentenempfänger lediglich nach ihrer Arbeitsleistung ohne Berücksichtigung des Rentenbezuges zu entlohnen. Das gleiche Verfahren wird jetzt in allen Reichsbetrieben eingeschlagen; der Reichskanzler (Reichsamt des Innern) hat ferner sämtliche Bundesregierungen aufgefordert, die Durchführung des erwähnten Grundsatzes in ihrem Verwaltungsbereich zu veranlassen. Soweit dies noch nicht der Fall ist, dürfte also wohl in Kürze in allen staatlichen Betrieben Deutschlands die Praxis herrschen, daß Kriegsbeschädigte bei einer Arbeitsleistung, die der normalen entspricht, den vollen Normallohn — und dazu ihre Militärrente — erhalten. Es wäre zu wünschen, daß diese der Billigkeit entsprechende Gestaltung der Entlohnung des Kriegsbeschädigten auch in den Betrieben kommunaler und privater Arbeitgeber ganz allgemein Eingang fände."

Auf eine Anfrage des Reichstagsabgeordneten Marquardt hat der Reichkanzler folgendes geantwortet:

„Die von Euer Hochwohlgeboren vertretene Auffassung, daß der Lohn der in öffentlichen Betrieben beschäftigten Militärrentenempfänger, insbesondere also der Kriegsbeschädigten, nicht mit Rücksicht auf den Rentenbezug gekürzt werden dürfe, wird auch von mir geteilt. Der Grundsatz, daß der Lohn auch dieser Klasse von Beschäftigten lediglich nach ihrer Arbeisleistung bemessen werden soll, ist sowohl von der Reichsleitung wie vom Königlich preußischen Staatsministerium und anderen Bundesregierungen als maßgebend anerkannt worden, und hat sich auch im gewerblichen Leben, soviel mir bekannt, ganz überwiegend Bahn gebrochen. Ich glaube annehmen zu können, daß diejenigen öffentlichen oder privaten Stellen, welche etwa bisher eine abweichende Lohnregelung befolgt haben, sich dem Einflusse der herrschenden Anschauung und des von Reich und Staat gegebenen Vorbildes nicht werden entziehen können. Eines Eingehens auf die Frage, ob die städtischen Verwaltungen bisher die Rente auf den Lohn ganz oder teilweise angerechnet haben, wird es nicht weiter bedürfen. Dem deutschen Städtetag ist von der amtlichen Stellungsnahme Kenntnis gegeben worden. Auch wird die Angelegenheit weiter im Auge behalten werden; etwaige Wahrnehmungen auf dem in Rede stehenden Gebiet, stelle ich ergebenst anheim, zur Kenntnis des Herrn Staatssekretärs des Innern zu bringen. Gez. v. Bethmann Hollweg."

Das Stellvertretende Generalkommando des 20. Armeekorps sah sich veranlaßt, folgendes zu verfügen:

„Es ist zu diesseitiger Kenntnis gelangt, daß nicht selten Arbeitgeber bei der Besprechung über die Festsetzung des Lohnes eines Kriegsbeschädigten sich die Höhe der Rente angeben lassen und diese dann auf den Lohn anzurechnen versuchen. Ein solches Verfahren ist aus sozialen, wirtschaftlichen und moralischen Gründen nicht zu billigen. Die Rente bedeutet für den Dienstbeschädigten einen aus Gründen der Gerechtigkeit verständlichen Ausgleich für einen im Dienst fürs Vaterland entstandenen, meist schmerzensreichen und mit Beeinträchtigung des vollen Lebensgenusses verbundenen Schaden. Sie soll den Betreffenden auszeichnen, und sie stellt endlich die Abtragung einer Dankesschuld des Vaterlandes dar.

Die Versorgungsabteilungen des 20. Armeekorps sind daher angewiesen, den Arbeitgebern die Höhe der Versorgungsgebührnisse nicht anzugeben. Die Versorgungsabteilungen sollen bei Anfragen nach dieser Richtung hin antworten, daß lediglich die Arbeitsleistung maßgebend ist für die Höhe des Lohnes, daß die militärische Rente aber keineswegs einen Ausdruck der Arbeitsfähigkeit des Beschädigten angibt."

Die Arbeiter sind gegen Anrechnung der Rente auf das Gehalt besser geschützt als die Angestellten, denn den ersteren stehen Tarifverträge zur Seite. Abkommen über kriegsbeschädigte Angestellte sind getroffen zwischen dem Zentralverband Deutscher Konsum-Vereine und dem Zentralverband der Handlungsgehilfen bzw. dem Verbande der Bureauangestellten und zwischen dem Hauptverband Deutscher Ortskrankenkassen und dem Verband der Bureauangestellten. Das letztere Abkommen lautet:

„1. Mit den zum Heeresdienst eingezogenen Angestellten wird das Vertragsverhältnis bei ihrer Rückkehr in die Heimat fortgesetzt, falls nicht ein wichtiger Grund die Weiterbeschäftigung ausschließt. Soweit infolge einer Kriegsbeschädigung ihre frühere Verwendung nicht möglich ist, wird ihnen eine andere, ihren Fähigkeiten entsprechende Stelle übertragen.

2. Zum Kriegsdienst eingezogene, mit Aussicht auf Anstellung beschäftigte Hilfsarbeiter (§ 351 Abs. 2 RVO.) werden bei ihrer Rückkehr in die Heimat nach Bedarf wieder eingestellt; kriegsbeschädigte sind zu bevorzugen.

3. Mit den kriegsbeschädigten Angestellten und Hilfsarbeitern wird eine ihrer Verwendungsmöglichkeit entsprechende Besoldung vereinbart. Die Kriegsbeschädigten-Renten bleiben dabei außer Betracht.

Eine dauernde Steigerung der Leistungsfähigkeit bedingt eine entsprechende Erhöhung des verkürzten Gehalts.

Erreicht der kriegsbeschädigte Angestellte oder Hilfsarbeiter die durchschnittliche Leistungsfähigkeit eines voll erwerbsfähigen Angestellten, so soll er die für seine Stelle vorgesehene Entlohnung unverkürzt erhalten.

4. Bei Meinungsverschiedenheiten zwischen Kasse und Angestellten oder Hilfsarbeitern über die Beschäftigung und Besoldung von Kriegsteilnehmern wird der Vorstand des Hauptverbandes auf Ansuchen unter Mitwirkung des Verbandes der Bureauangestellten bei dem Kassenvorstande vermitteln."

Die Organisationen der Rechtsanwalts-Gehilfen haben dem Deutschen Anwaltverein und dem Deutschen Notarverein Grundsätze unterbreitet, die folgende Forderungen enthalten:

„Die Gehälter der kriegsbeschädigten Bureauangestellten sind lediglich nach der Leistungsfähigkeit abzustufen und ohne Rücksicht auf ihre von ihnen bezogene Militärrente festzusetzen. Die Grundlage für die Entlohnung kriegsbeschädigter Angestellten

3*

haben die ortsüblichen Gehälter gesunder Angestellten von gleicher Leistungsfähigkeit zu bilden. Mit einer etwaigen Steigerung der Leistungsfähigkeit hat auch eine Erhöhung der Gehälter Hand in Hand zu gehen. Erreicht der kriegsbeschädigte Angestellte die Leistungsfähigkeit eines gesunden Angestellten mit gleicher Tätigkeit, so ist ihm ein entsprechendes Gehalt zu gewähren."

Im Korrespondenzblatt der Generalkommissionen der Gewerkschaften wird der Ausbau der sogenannten Lohnklausel in den Submissionsbestimmungen von Staat und Gemeinden gefordert. In die gesetzlichen Vorschriften über das Submissionswesen müßte die zwingende Bestimmung aufgenommen werden, daß bei Vergebung öffentlicher Arbeiten und Lieferungen nur solche Betriebe und Firmen berücksichtigt werden dürfen, welche die für ihre Branche zwischen Unternehmer und Arbeiterorganisation getroffenen Kriegsbeschädigten-Fürsorge-Vereinbarungen als für sich verbindlich anerkannt haben.

VI. Die Rentenfrage.

Die Rentenfrage ist in dem Mannschaftsversorgungs-Gesetz vom 31. Mai 1906, ergänzt durch Gesetz vom 3. Juli 1913, enthalten. Die Rente beträgt jährlich für die Dauer völliger Erwerbsunfähigkeit für Feldwebel 900 Mark (Vollrente), Sergeanten 720 Mark, Unteroffiziere 600 Mark, Gemeine 540 Mark. Entscheidend ist, daß für den Anspruch der Dienstgrad maßgebend ist, dessen Gebührnisse der Versorgungsberechtigte zuletzt bezogen hat. Die eben genannten Sätze werden gewährt bei völliger Erwerbsunfähigkeit. Die größte Zahl der Beschädigten ist aber nur teilweise erwerbsunfähig. Für diesen Fall beträgt die Rente denjenigen in Hundertstel auszudrückenden Teil der Vollrente, welcher dem Maße der Einbuße an Erwerbsfähigkeit entspricht. Wer einen Fuß verloren hat, wird eine Rente von etwa 50 %, d. h. die Hälfte der für seinen Dienstgrad in Betracht kommenden Vollrente erhalten. Beim Verlust eines Beines wird die Rente etwa 70 % der Vollrente betragen, beim Verlust eines Auges 33⅓ %. Maßgebend ist die Art der Beschäftigung.

Neben der eigentlichen Rente werden die Verstümmelungs- und Kriegszulagen gewährt. Der § 13 des Mannschafts-Versorgungsgesetzes bestimmt: „Unteroffiziere und Gemeine, die durch Dienstbeschädigung an der Gesundheit schwer geschädigt worden sind, haben für die Dauer dieses Zustandes neben dem Anspruch auf Rente Anspruch auf die Verstümmelungszulage. Diese beträgt z. B. bei dem Verlust einer Hand, eines Fußes monatlich je 27 Mark, bei dem Verlust beider Augen monatlich 54 Mark. Die Kriegszulage wird gleichfalls neben der Rente gewährt. Sie beträgt monatlich 15 Mark."

Mit Recht wird man verlangen können, daß dem Kriegsbeschädigten, um ihm die Anpassung zu ermöglichen, eine gewisse Schonzeit eingeräumt werden muß, in der eine Änderung in der Rentenfestsetzung nicht eintreten darf. Der Anpassungsprozeß darf nicht gestört werden. Natürlich ist diese Schonzeit individuell zu bemessen.

Die Bemessung der Rente allein nur nach dem militärischen Grade wird in weiten Kreisen als eine Ungerechtigkeit empfunden. Die Leistungen der Kriegsteilnehmer dem Vaterlande gegenüber waren insofern die gleichen, als sie beide ihre Gesundheit hingegeben haben, wirtschaftlich aber waren die gebrachten Opfer verschieden. Die in ihren Einkommensverhältnissen besser gestellten Familien werden durch den Verlust des Ernährers schwerer betroffen. Der Reichsschatzsekretär hat bei den Verhandlungen im Reichstag auch bereits erklärt, daß bei der Berechnung der Rente das Arbeitseinkommen mit berücksichtigt werden soll. Die gesetzliche Regelung der Frage soll aber erst nach Beendigung des Krieges erfolgen. Es muß sich dann auch die finanzielle Wirkung der Verwirklichung der Zusage des Reichsschatzsekretärs übersehen lassen. Der Arbeitsausschuß für das einheitliche Angestelltenrecht hat bezüglich der Rentenfürsorge folgende Forderung aufgestellt: „Für die Bemessung der Rentensätze ist nicht nur der militärische Grad des Invaliden ausschlaggebend, sondern der Verlust an Erwerbsfähigkeit gegenüber dem beruflichen Einkommen, das der Verletzte vor seiner Kriegsleistung bezogen hat." Der Verband katholisch kaufmännischer Vereine hat seine Forderung folgendermaßen formuliert: „Die hohe Abstufung der Rente hat sich an den Durchschnitt des seitherigen und voraussichtlichen berufsüblichen Arbeitseinkommens des Verstorbenen oder Kriegsinvaliden anzulehnen. Bei der Berechnung der Rente muß das Durchschnittseinkommen der Jahre 1911—1913 zugrunde gelegt werden."

Um die hier klaffende Lücke schon während des Krieges in etwas auszufüllen, hat der Reichstag Mittel zur Gewährung von besonderen Beihilfen flüssig gemacht und der Militärverwaltung zur Verfügung gestellt. Vom Preußischen, Bayrischen und Sächsischen Kriegsministerium sowie von der Marineverwaltung wurde folgende Bekanntmachung erlassen: „Den aus Anlaß des jetzigen Krieges mit Rente und Kriegszulage versorgten Personen wird es bei ihrem Körperzustande trotz eifrigster eigner Bemühungen und trotz Eingreifens der Kriegsfürsorgestellen nicht immer möglich sein, in absehbarer Zeit ihr früheres Arbeitseinkommen nur annähernd zu erreichen. Härten, die hierbei entstehen, sollen nach Möglichkeit ausgeglichen werden. Da aber eine gesetzliche Neuregelung erst nach dem Kriege wird erfolgen können, soll schon während des Krieges auf Antrag den Beschädigten aus hierzu bereitstehenden Mitteln, soweit angängig, im Unterstützungswege geholfen werden. Die Anträge würden in begründeten Fällen von den Beschädigten an den zuständigen Bezirksfeldwebel zu richten sein, der für ihre Weitergabe an die zuständige Stelle sorgt.

Anträge, deren Prüfung zweifellos das Vorliegen einer Härte im Sinne des Absatzes 2 dieses Erlasses nicht ergibt, oder aus denen hervorgeht, daß sich der Beschädigte nicht bemüht hat, sein Arbeitseinkommen zu verbessern, obwohl er dazu imstande war, werden abgelehnt." Die Gewährung der Zusatzrenten soll einesteils die Kriegsinvaliden vor einer Inanspruchnahme der öffentlichen Armenpflege bewahren, anderenteils auch sozial höher gestellten einen gewissen Ausgleich geben. Voraussetzung für die Zusatzrente ist, daß der Kriegsbeschädigte eine Einbuße seiner Erwerbsfähigkeit um mehr als ein Drittel zu beklagen hat und sein jetziges Arbeitseinkommen um mindestens ein Viertel geringer ist, als das vor dem Krieg erzielte. Erreicht es 5000 Mark, so wird eine Zusatzrente nicht gegeben; ein 3000 Mark übersteigender Schaden wird in seinem Mehrbetrage nicht berücksichtigt. Auf das Einkommen wird die Kriegsversorgung — ohne Verstümmelungszulage — angerechnet. Auf die Zusatzrente wird auch ein Bezug aus öffentlichen Kassen angerechnet, darunter auch die Renten der gesetzlichen Versicherung. Unter Berücksichtigung dieser Tatsachen stellt sich die Zusatzrente auf 30 % des Schadens.

Als praktisches Beispiel diene folgendes: Handlungsgehilfe, Uffz. d. Res.; Militärrente von 75 %; früheres Arbeitseinkommen

3600 Mark; jetziges Arbeitseinkommen 1000 Mark, also Schaden von 2600 Mark. Darauf wird die Militärrente von 450 Mark und die Kriegszulage von 180 Mark, zusammen 630 Mark, angerechnet. Es bleibt also ein Schaden von 1970 Mark. Die Zusatzrente stellt sich auf 30 % dieser Summe, also auf 591 Mark. Die etwa bezogene Invalidenrente wird auf diese Summe angerechnet, die Verstümmelungszulage nicht.

Erwägenswert bleibt die Kapitalisierung der Zusatzrenten auf Grund des Kapitalabfindungsgesetzes. Auf Grund dieses Gesetzes ist für Kriegsbeschädigte die Abfindung nicht allgemein möglich, sondern nur zu dem Zwecke des Erwerbs oder der weiteren Stärkung eigenen Grundbesitzes. Die Abfindung steht also im Dienste des Siedlungsgedankens. Es soll sowohl dem städtischen wie dem ländlichen Bedürfnis gedient werden. Die Form des Besitzes spielt eine untergeordnete Rolle. Dem Erwerb eigenen Grund und Bodens ist gleichgestellt der Beitritt zu einer gemeinnützigen Bau- und Siedlungsgenossenschaft. Das ist für die städtische Siedlungspolitik von großem Wert. Denn der Erwerb eines Eigenheims ist in der Stadt vielfach unmöglich. Der Genossenschaftsbau ist der gegebene Ersatz.

Wie steht's aber, wenn der abgefundene Versorgungsberechtigte sein Kapital einbüßt? Diese Frage bedingte eine ganze Reihe gesetzlicher Vorschriften. Zunächst bleibt die Abfindung beschränkt auf die Zulagen, wie Kriegs-, Verstümmelungs- und Tropenzulage. Die Grundrente wird nicht kapitalisiert und bleibt als Sicherheitsfaktor bestehen. Sodann ist bestimmt, daß die Abfindungssumme zurückgezahlt wird, falls der Zweck der Kapitalsabfindung, also der Erwerb von Grund und Boden bzw. dessen Stärkung, nicht erreicht wird. Zur Sicherstellung kann eine Sicherungshypothek eingetragen werden.

Die Rückzahlungspflicht erstreckt sich nur auf den Betrag, auf den die Abfindungssumme festzusetzen gewesen wäre, wenn der Abgefundene den Antrag auf Kapitalabfindung im Zeitpunkte der Rückforderung gestellt hätte. Nach Rückzahlung lebt der Rentenanspruch wieder auf. Die hier enthaltene Bindung wird noch verstärkt durch die Bestimmung, daß die Weiterveräußerung oder Belastung eines auf Grund der Kapitalabfindung erworbenen Grundstückes innerhalb einer bestimmten Frist von der Genehmigung der obersten Militärbehörde abhängig ist. Das Veräußerungsverbot ist auf Ersuchen der Militärverwaltung in das Grundbuch einzutragen.

Andererseits kann aber einem Abgefundenen die Ansiedlung wieder leid werden. Der § 7 b bestimmt daher, daß dem abgefundenen Kriegsbeschädigten aus wichtigen Gründen die durch die Kapitalsabfindung erloschenen Gebührnisse gegen Rückzahlung der Abfindungssumme wieder bewilligt werden können. Diese Rückzahlung kann besonders dann erfolgen, wenn die Weiterveräußerung des Grundstücks erfolgt, um sich einer anderen Erwerbsmöglichkeit zuzuwenden. Das Kapitalsabfindungsgesetz stellt ziemlich große Summen zur Verfügung.

VII. Die Arbeitsvermittlung.

Wie oben schon angedeutet, ist es am zweckmäßigsten, die Rückkehr des Kriegsbeschädigten in seinen alten Beruf zu veranlassen. Auf diese Weise wird am besten eine besondere Kennzeichnung und Klassifizierung vermieden.

Private und öffentliche Arbeitgeber haben sich in großem Umfange bereit erklärt, die Kriegsbeschädigten wieder einzustellen. In der rheinisch-westfälischen Stahlindustrie konnten von Beginn des Krieges bis zum 30. Juni 1915 insgesamt 5002 Kriegsbeschädigte eine ihrer Kriegsbeschädigung entsprechende Anstellung finden. Von diesen nahmen weit über die Hälfte bei ihren früheren Arbeitgebern wieder Arbeit. Das bereits erwähnte Abkommen zwischen Zentralverband deutscher Konsumvereine und Angestellten-Verbänden bestimmt beispielsweise: „Diejenigen Kriegsteilnehmer, die vor Ausbruch des Krieges in einer dem Zentralverbande deutscher Konsumvereine angehörenden Genossenschaft als feste Arbeiter und Angestellte beschäftigt waren, und die sich nach Beendigung des Krieges bzw. nach Entlassung aus dem Heeresdienst in den betreffenden Betrieben zur Arbeitsannahme melden, sollen, sofern die Betriebsverhältnisse es gestatten, wieder eingestellt werden.

Die Meldung zum Dienstantritt hat innerhalb zwei Wochen nach der Entlassung aus dem Heeresdienst zu erfolgen. Über den Zeitpunkt des Dienstantritts, sowie über die eventuelle Kündigung beschäftigter Kriegsaushilfsarbeiter und Angestellten ist eine Verständigung mit der zuständigen Gewerkschaft herbeizuführen.

Personen, die bereits vor dem Kriege in den genossenschaftlichen Betrieben beschäftigt waren, dürfen nicht lediglich aus dem Grunde gekündigt werden, um freie Arbeitsplätze für Kriegsteilnehmer zu schaffen.

Bei Kriegsbeginn beschäftigte, nicht fest und während des Krieges eingestellte Arbeiter und Angestellte, die zum Kriegsdienst eingezogen wurden, können ebenfalls wieder eingestellt werden, sobald ohne besondere Kündigung beschäftigter Personen freie Arbeitsplätze der betreffenden Branche vorhanden sind."

Die Vorschläge der Verbände der Rechtsanwaltsgehilfen verlangen:

„1. Den zum Heeresdienst eingezogenen Bureauangestellten, die gesund oder beschädigt aus dem Kriege zurückkehren, werden ihre früheren Stellungen grundsätzlich offengehalten. Das Vertragsverhältnis lebt mit der Wiederentlassung vom Militär wieder auf, falls nicht ein wichtiger Grund die Weiterbeschäftigung unmöglich macht.

2. Diejenigen unter den aus dem Kriege zurückkehrenden Bureauangegestellten, denen ihre früheren Posten nicht offengehalten werden konnten, sind bei der Einstellung neuer Angestellter in erster Linie zu berücksichtigen. Sie erhalten den Vorzug sowohl vor weiblichen Personen wie vor solchen Bewerbern, die aus anderen Berufen stammen und erst infolge des Krieges zur Bureautätigkeit übergegangen sind."

Eigene Stellenvermittlungseinrichtungen für Kriegsbeschädigte sind zu vermeiden. Die militärischen Versorgungsabteilungen setzen sich am besten mit der Kriegsbeschädigten-Fürsorge in Verbindung. Nur in ganz schweren Fällen wird in besonderer Weise eine Unterbringung in dem Beruf zu überlegen sein. Im übrigen hängt die Frage der Arbeitsvermittlung für kriegsbeschädigte Angestellte mit der Frage der Neuregelung des Arbeitsnachweises für Angestellte überhaupt zusammen. Es sei hier nur kurz verwiesen auf die neugegründete „Gemeinnützige kaufmännische Stellenvermittlung", wodurch sich die Handlungsgehilfen-Verbände eine gemeinsame Austauschstelle für solche Vakanzen geschaffen haben, die sie selbst nicht besetzen können. Im „Kriegsausschuß technischer Verbände" ist zur Durchführung des vaterländischen Hilfsdienstgesetzes eine ähnliche Einrichtung geschaffen. Die Bureauangestellten erstreben eine gleiche Einrichtung.

Wenn der Bund technisch-industrieller Beamten in seiner Denkschrift über soziale Demobilisierungsmaßnahmen verlangt, daß der Arbeitgeber einen Kriegsbeschädigten, auch wenn er seinen früheren Beruf nicht mehr ausüben kann, nach Rückkehr vom Heere wieder einstellen und wenigstens bis zum nächsten gesetzlichen Kündigungstermin beschäftigen müsse, so wird diesem Wunsch entgegengehalten werden, daß die Sorge für den Kriegsbeschädigten nicht zum ersten dem früheren Arbeitgeber, sondern der Allgemeinheit obliegt. Nachdem öffentlich-rechtliche Arbeitsnachweise für Privatangestellte in weiten Kreisen auf Widerstand gestoßen sind, war der Ausbau der Angestellten-Arbeitsnachweise das Nächstliegende. Verschiedene Angestellten-Organisationen haben auch ihre Stellenvermittelung kriegsbeschädigten Nichtmitgliedern wie überhaupt Nichtmitgliedern bis zu einer bestimmten Zeit nach dem Kriege zur Verfügung gestellt, so der Deutsche Techniker-Verband und der Deutsche Bankbeamten-Verein.

VIII. Aufgaben der Angestellten-Organisationen.

Es muß dafür Sorge getragen werden, daß Vertreter der Angestellten-Verbände in allen Instanzen der Kriegsbeschädigten-Fürsorge mitwirken. Es wird Aufgabe der Ortskartelle der Angestellten-Verbände sein, in die örtlichen Ausschüsse der Kriegsbeschädigten-Fürsorge hineinzukommen. Für Vertretung in den übrigen Instanzen müssen die Zentralverbände Sorge tragen.

Die wichtigste Aufgabe bleibt die Berufsberatung. Dazu tritt die Überwachung der Anrechnung der Rente auf das Gehalt. Die einzelnen Fälle müssen an die Zentralstelle der Verbände weitergeleitet werden, damit von dort Gegenmaßnahmen unternommen werden können. In der sozialen Ausgestaltung der Rentenfrage und in der Mitarbeit in der Arbeitsvermittelung bestehen die weiteren Aufgaben der Angestellten-Verbände.

* * *

Die Kriegsbeschädigten-Fürsorge ist zu betrachten als ein Teil der allgemeinen Sozialpolitik, weil die Rückwirkung der Frage auf den ganzen Stand der Privatangestellten sich nicht leugnen läßt. Sozialpolitik ist eine der wichtigsten Kulturaufgaben der Zukunft. Die Streitfrage für und wider die Sozialpolitik ist durch den Krieg zu ihren Gunsten entschieden, denn der Krieg hat gezeigt, daß das deutsche Volk sich keine bessere Kriegsvorbereitung geben konnte als durch seine Sozialpolitik. Gedenken wir stets des Wortes des Präsidenten des Reichsversicherungsamtes Dr. Kaufmann: „Im heißen Wettringen der Nationen wird dem Volke die Siegespalme zuteil, das, am stärsten von dem kategorischen Imperativ sozialer Pflicht durchdrungen, im Kampfe gegen menschliches Elend die größten Erfolge aufzuweisen hat und den Schutz der Armen und Notleidenden am wirksamsten durchzuführen vermag."

Die vorgetragenen Gedanken wurden gelegentlich des Kongresses für Kriegsbeschädigten-Fürsorge in Köln im August 1916 auf einer Sondertagung des Kriegsausschusses der vereinigten kaufmännischen und technischen Verbände Kölns in folgenden Leitsätzen zusammengefaßt:

„1. Während der größte Teil der kriegsbeschädigten Privatangestellten in ihrem bisherigen Berufe bleiben kann, liegt die besondere Bedeutung der Kriegsbeschädigten-Fürsorge für die Privatangestellten darin, daß eine große Zahl Kriegsbeschädigter aus anderen Berufen Unterkommen in den Stellungen der Privatangestellten sucht.

2. Durch die Berufsberatung, deren Ziel ist, die Kriegsbeschädigten möglichst ihrem alten Berufe zu erhalten, müssen die Pri-

vatangestellten bei den Kriegsbeschädigten das Vertrauen zu ihrem bisherigen Beruf neu wecken und Aufklärung über die Berufs- und Wirtschaftsverhältnisse der Privatangestellten verbreiten.

3. Hat sich der Kriegsbeschädigte zu einem neuen Beruf entschlossen, so ist für eine sachgemäße Ausbildung Sorge zu tragen. Die Ausbildungseinrichtungen der Kriegsbeschädigten müssen einer besonderen Genehmigungspflicht und sachlichen Beaufsichtigung durch die zuständigen Behörden unterworfen werden.

4. Für die Bemessung des Gehaltes der Kriegsbeschädigten darf nur deren Leistung im Beruf maßgebend sein. Eine Anrechnung der Renten auf das Gehalt darf nicht stattfinden.

5. Die Renten der Kriegsbeschädigten sind so zu bemessen, daß nicht nur der militärische Grad, sondern auch das Berufseinkommen mit berücksichtigt wird. Um den Kriegsbeschädigten die Anpassung zu ermöglichen, darf in einer gewissen Schonzeit an den festgelegten Rentensätzen nichts geändert werden. Die Kapitalisierung der Zusatzrenten im Sinne des Kapitalabfindungsgesetzes wird den kriegsbeschädigten Angestellten empfohlen.

6. Die Unterbringung der kriegsbeschädigten Angestellten hat im Rahmen der bestehenden Arbeitsnachweise zu erfolgen. Es ist ein Zusammenarbeiten der militärischen Fürsorgestellen mit den Einrichtungen der Kriegsbeschädigten-Fürsorge erforderlich.

7. Die Organisationen der Privatangestellten sehen ihre Hauptaufgabe in der Teilnahme an allen Instanzen der Kriegsbeschädigten-Fürsorge, in der Pflege der Berufsberatung, in der Überwachung der Anrechnung der Renten, in der Förderung der Ausgestaltung der Rentenfrage und in der Mitarbeit in der Arbeitsvermittelung."

Otto Wigand'sche Buchdruckerei G. m. b. H., Leipzig.

FSC
www.fsc.org
MIX
Papier | Fördert
gute Waldnutzung
FSC® C083411

Kolibri 360 GmbH
Ferdinand-Jühlke-Straße 7
99095 Erfurt, Deutschland
produktsicherheit@kolibri360.de